Vreni Merz

Wie gut der Apfel schmeckt …

Vreni Merz

Wie gut der Apfel schmeckt …

Den Alltag und die kleinen Dinge achtsam erleben

Tipps für Eltern und Kinder

Kösel

Illustrationen:
Mascha Greune, München

© 2004 by Kösel-Verlag GmbH & Co., München
Printed in Germany. Alle Rechte vorbehalten
Druck und Bindung: Kösel, Kempten
Umschlag: Elisabeth Petersen, München
Umschlagmotiv: Corbis, Düsseldorf
ISBN 3-466-36648-8

Gedruckt auf umweltfreundlich hergestelltem Werkdruckpapier (säurefrei und chlorfrei gebleicht)

Inhalt

  7 Zu diesem Buch
10 Das Kind und sein Tagewerk
13 Der Alltag als Lebensschule

17 **Beispiele**

    Das Kopfkissen schütteln 20
    Die Hose anziehen 24
    Brot schneiden 28
    Die Katze füttern 32
    Schuhe binden 36
    Den Schirm aufspannen 40
    Den Einkaufswagen schieben 44
    Rolltreppe fahren 48
    Den Briefkasten leeren 52
    Die Tür schließen 56
    Die Jacke aufhängen 60
    Salat putzen 64

Den Tisch decken 68
Die Hände waschen 72
Spielsachen aufräumen 76
Scherben zusammenkehren 80
Altpapier bündeln 84
Einen Apfel essen 88
Blumen gießen 92
Licht anzünden 96
Ein Glas Wasser trinken 100
Geschirr abtragen 104
Wäsche besorgen 108
Staub saugen 112
Schuhe putzen 116
Das Fernsehgerät bedienen 120
Zum Fenster hinausschauen 124
Sich ins Bett legen 128

133 Spiritualität mit Kindern
137 Alles hat seine Zeit
140 Im Rhythmus des Lebens
143 Schlusspunkt

Zu diesem Buch

> WER GEMÜSE RÜSTET,
> LEBT SINNVOLL.
>
> HANSJÖRG SCHNEIDER

Liebe Leserin, lieber Leser,

wann haben Sie zum letzten Mal Geschirr abgetragen? – Dumme Frage, werden Sie denken, schmutziges Geschirr steht jeden Tag bei uns auf dem Tisch. Ich räume es ab, und nach dem Spülen wird es in den Schrank versorgt, bis man es wieder braucht. Daraus wird doch kein Thema gemacht! – In diesem Buch aber wird es eines sein, zusammen mit vielen anderen alltäglichen Handlungen, die uns selbstverständlich geworden sind.

Vielleicht sind Sie Mutter oder Vater. Vielleicht sind Sie auch Großmutter, Babysitterin oder Spielgruppenleiterin. Jedenfalls haben Sie es mit Kindern zu tun. Das heißt: Ein Stück Ihres Lebens verbringen Sie zusammen mit Menschen, für die das Leben noch neu ist. Denn für Kinder, die erst ein paar Jahre alt sind, gibt es noch kaum etwas Altbekanntes. Sie können nach einem Schlüssel oder einem Kochlöffel greifen und damit hantieren, als wäre dieser Gegenstand das Größte dieser Welt. Was wir gewohnt sind zu brauchen, was wir zwar sehen und doch kaum beachten, kann für ein kleines Kind etwas ganz Besonderes sein. Es begegnet ja den Dingen zum ersten Mal, und es versucht, auf seine Weise damit klar zu kommen. Wenn das Kind älter wird, soll es allmählich erfahren, was wofür am besten zu verwenden ist und wie wir mit den Gegenständen so umgehen können, dass sie uns helfen, das Leben angenehm und sinnvoll zu machen.

Dieses Buch nimmt den ganz gewöhnlichen Alltag in den Blick. Es schildert Situationen, die wir alle kennen: im Regenwetter den Schirm aufspannen, die Wohnungstür öffnen und schließen und hie und da die Hände waschen. Sind solche Banalitäten überhaupt der Rede wert? Sie sind es, denn das Leben besteht zum großen Teil aus solchen Verrichtungen, denen wir täglich nachzukommen haben. Wenn sie nicht funktionieren, sind wir leicht verärgert, wir geraten in Verlegenheit oder fühlen uns unwohl. Wer möchte zum Beispiel zwei Tage leben, ohne sich die Zähne zu putzen?

Gemeinsam mit Ihrem Kind können Sie solche Handlungen neu entdecken, bewusst gestalten und eine spirituelle Dimension darin finden. Das Buch soll Sie jedoch nicht nur in der Erziehungsarbeit unterstützen, sondern auch Ihnen selbst etwas bringen. Denn wer mit Kindern den Alltag intensiv erlebt, gewinnt auch für sich selbst etwas.

Im Zusammensein mit Kindern braucht aber manches seine Zeit. Bis nur die Schuhe angezogen sind, um aus dem Haus zu kommen! Bis der Tisch gedeckt ist, wenn Kleine helfen wollen! Was man allein im Nu schafft, dauert zusammen mit Kindern meist länger als gedacht. Doch genau diese Situationen sind es, in denen wir das Leben in Fülle erfahren können.

Das Kind und sein Tagewerk

> LASS DICH IN DEN AUGENBLICK FALLEN,
> UND DAS MORGEN WIRD ZUM HEUTE,
> DAS IRGENDWO UND IRGENDWANN
> ZUM HIER UND JETZT.
>
> FLORIAN MAI

Kleine Kinder kennen keinen Zeitplan. Sie stehen am Morgen nicht auf, um zuerst zu überlegen, was sie heute alles tun wollen. Sie leben im Moment. Wenn sie sich einem Gegenstand zuwenden, vergessen sie alles rund um sich. Sie nehmen ihn in die Hand und vielleicht in den Mund, sie werfen ihn weg und steuern auf etwas Neues los. Manchmal geht's schnell oder auch lang: Manche Kinder können sich schon im Krabbelalter ausgiebig mit einem Plastikbecher oder einem Plüschtier beschäftigen, andere wechseln häufiger den Gegenstand ihres Interesses.

Faszinierend für uns Erwachsene, die sich vom Terminkalender bestimmen lassen, ist der unbekümmerte Umgang mit der Zeit, den uns die Kinder vorleben. Sie geben sich dem Gegenwärtigen voll und ganz hin. Sie werden nicht gehindert von Reflexionen darüber, was jetzt dringlich oder wichtig sei oder ob sie nicht besser etwas anderes getan hätten. Sie machen das, was ihrem Empfinden nach gerade Sache ist. Weiter können wir beobachten, dass Kinder geradezu eins sind mit dem, was sie gerade tun. Auch wenn die Beschäftigung von kurzer Dauer ist, so sind sie dennoch mit jeder Faser ihrer Existenz dabei und lassen sich kaum ablenken von dem, was sie im Augenblick anzieht.

So besteht denn das Tagewerk von kleinen Kindern aus einer Abfolge von Aktivitäten, die zwar ohne Plan, aber mit Hingabe ausgeführt werden. Für die eine Tätigkeit brauchen sie mehr, für die andere weniger Zeit. Manchmal dauert eine Tätigkeit nur zwei Sekunden. Aber jeder Augenblick wird voll »genutzt«. Intensiv lebt das Kind – was es tut, tut es ganz.

Später wird es lernen, wie der Tag verläuft, und was wann von ihm gefordert wird. Es wird selbstständig aufstehen, sich anziehen und seine Schulsachen so ordnen müssen, dass alles eingepackt ist, wenn es sich auf den Schulweg macht. Es wird dazu angehalten, die Zeit einzuteilen, nichts zu vergessen und Wichtiges von Unwichtigem zu unterscheiden. Leider geht damit oft die Fähigkeit verloren, unbekümmert den Moment zu genießen und das Gegenwärtige so zu erfahren, als gäbe es kein Vorher und kein Nachher.

Als Erwachsene sind wir oft so sehr darauf konzentriert, den Alltag »im Griff« zu haben, dass wir dauernd am Organisieren und am Programmieren sind. Wir verbringen den Tag, indem wir die Dinge »erledigen«, statt sie zu erleben. Die Zeit eilt, sagen wir, und beeilen uns noch mehr. So verpassen wir oft, was uns in der Gegenwart geschenkt wäre, weil wir fast ständig überlegen, was wir als nächstes zu tun haben.

Was Kinder noch können, geht uns oft ab: das Auskosten des Augenblicks vom Morgen bis zum Abend und die Hingabe an das, was uns das Leben im Hier und Jetzt anbietet.

Der Alltag als Lebensschule

> DAS SCHWERSTE:
> IMMER WIEDER ENTDECKEN,
> WAS MAN OHNEHIN WEISS.
>
> ELIAS CANETTI

Wir sind es gewohnt, das Alltägliche zu banalisieren. Wenn wir vom Alltag reden, meinen wir das weniger Bedeutsame, das, »was halt sein muss«, was aber nicht das Eigentliche sei. Das Eigentliche sei das Besondere, denken wir, nämlich das, was uns über den Alltag hinaushebt. Beispiele dafür sind Anlässe, die wir als Termine in die Agenda eintragen: eine Verhandlung, von der vieles abhängt, ein Fest als Höhepunkt oder ein anderes Ereignis, das wir als besonders wichtig erachten.

In diesem Buch wird bewusst der Alltag ins Licht gerückt. Das ist schon deshalb gerechtfertigt, weil wir in der Regel mehr »Alltag« als »Hochzeit« erleben. Der Anteil an Alltäglichkeiten wird vor allem groß, wenn wir mit Kindern zusammenleben. Bestimmt gibt es auch in Gemeinschaft mit ihnen besondere Ereignisse, die über den Alltag hinausführen oder ihn durchbrechen. Wir denken beispielsweise an eine Geburtstagsfeier oder einen Arztbesuch. Davon wird gesprochen und darauf bereitet man sich vor. Aber in der Erziehung gibt es vor allem sehr viel Unspektakuläres, das sich abspielt im täglichen Einerlei. Die meiste Zeit mit Kindern verbringen wir mit den normalen Abläufen und Vollzügen am gewöhnlichen Werktag.

Von solchen Situationen wird hier die Rede sein. Denn sie sind pädagogisch bedeutsam – mehr als man sich oft bewusst ist. Denn gerade der Alltag bietet den Erziehenden eine Fülle von Gelegenheiten an, um Kinder zu begleiten und sie wirksam zu fördern. Ethische Werte und Ideale wie Friedfertigkeit, Gewaltlosigkeit und Bewahrung der Schöpfung können zwar an besonderen Anlässen proklamiert und gefeiert werden, aber zur Umsetzung in die Praxis sind gewöhnliche Tage wie gemacht.

Somit wäre also der Alltag die entscheidende Zeit. Sprichwörtlich wird er gelegentlich als »grau« bezeichnet, was ihm den Anstrich von etwas Unattraktivem und wenig Erstrebenswertem gibt. So beklagen denn manche Eltern den »Alltagskram« und bedauern, dass sie zu wenig mit ihren Kindern unternehmen könnten, weil sie von den täglichen Verpflichtungen zu sehr beansprucht sind. Viele Mütter bemühen sich, neben ihrer beruflichen Arbeit auch den Haushalt korrekt und effizient in Ordnung zu bringen, um ja noch genug Zeit für die Kinder zu haben. Auf dem Heimweg vom Büro kaufen sie ein, zuhause bügeln sie die Wäsche und tränken die Zimmerpflanzen, während ihre Sprösslinge noch in der Spielgruppe sind, und sie hoffen, vor der Heimkehr der Kinder mit der Hausarbeit fertig zu sein.

Das ist schade. So viel geht verloren an Teilnahme und Mitwirkung. In der aufgeräumten Wohnung hat bereits alles seinen Platz, und das Essen ist vielleicht schon vorgekocht. Was tun solche Mütter oder Väter mit den heimgekehrten Kindern, sofern sie selbst nicht schon zu müde sind? Mit ihnen spielen, sagen viele, das sei lebenswichtig, und dafür würde alle Zeit sich lohnen. Das mag sein. Aber ist es wirklich die primäre Aufgabe von Erwachsenen, Kinderspiele zu machen?

Wem der Alltag etwas wert ist, wird ihn bewusst auch mit den Kindern verbringen. Denn der Alltag ist die Lebensschule schlechthin, und keine Handlung ist zu trivial, um nicht mit Würde und Achtung, aber auch mit Lust und Spaß gemeinsam mit den Kindern gestaltet zu werden: Geschirr in den Schrank stellen, den Lichtschalter drücken, das Fenster schließen, Schuhe versorgen und Salat waschen. Es sind jene schlichten Lebensvollzüge, durch die wir den Kindern das mit auf den Weg geben können, was sie von uns erwarten dürfen: Es geht um achtsame Wahrnehmung dessen, was uns selbstverständlich ist und wofür wir letztlich dankbar sind.
Hier wird mitten im Alltag eine Spiritualität gelebt, die mit dem Boden der Wirklichkeit eng verbunden bleibt.

Beispiele

> HILF MIR,
> ES SELBST ZU TUN!
> MARIA MONTESSORI

Die folgenden Beispiele beschreiben alltägliche Handlungen, die Sie mit Ihrem Kind bewusst gestalten können. Vielleicht sind Sie mit zwei oder drei Kindern zusammen. Dann werden Sie sich so arrangieren, dass Sie alle miteinbeziehen. Unwichtig, ob Sie mit einem oder mehreren Kindern in diesen Situationen stehen – etwas Spezielles oder Herausragendes gibt es nicht zu tun. Oder doch?

Jedenfalls kann es uns Erwachsenen in solchen Momenten wie Schuppen von den Augen fallen, wenn uns Gewöhnliches plötzlich außergewöhnlich vorkommt – meistens dann, wenn wir unsere ganze Aufmerksamkeit auf den gegenwärtigen Augenblick lenken. Die Kinder gehen uns mit ihren Entdeckungen häufig voran und stecken uns an mit ihrem Interesse. Denn sie sind manchmal fasziniert von Dingen, die uns längst nicht mehr auffallen. Dann können wir neu wahrnehmen, was wir wirklich haben und welcher Reichtum uns im Alltag entgegenkommt.

Und noch etwas: Es ist weniger wichtig, wie oft wir uns Zeit nehmen, mit den Kindern solche Erfahrungen zu machen. Das wache Interesse, das wir mitten drin zeigen, und die persönliche Präsenz sind entscheidender.

Die praktischen Beispiele auf den nächsten Seiten sind jeweils in drei Abschnitte gegliedert und durch verschiedene Farbigkeit und unterschiedliches Schriftbild gekennzeichnet:

Was Sie jeweils zu Beginn lesen, ist für Sie gedacht: Sie können sich bewusst machen, wie Sie selbst – als erwachsener Mensch – in dieser Situation stehen und wie Sie damit umgehen. Hier wird Ihnen in Erinnerung gerufen, was wir in der Hektik oft vergessen: Diese Handlung bzw. dieser Gegenstand ist wichtig – vielleicht sogar lebensnotwendig. Zwar wird darüber kaum je Aufhebens gemacht. Aber es lohnt sich, darauf zu achten, zumindest an dieser Stelle ein paar Gedanken daran zu verlieren. Sie können diese Abschnitte als ein kleines Stück Lebensphilosophie betrachten, manchmal wohl auch als Poesie oder Träumerei. Jedenfalls möchten sie eine Reflexion anregen darüber, dass wir zu den Privilegierten dieser Welt gehören, denen nichts abgeht, was wir im Alltag brauchen.

Hier können Sie lesen, was Sie zusammen mit dem Kind in der beabsichtigten Alltagssituation tun können: Vielleicht steht ein Gegenstand im Mittelpunkt, und Sie werden sehen: Nicht immer ist es notwendig, dass Sie dem Kind genau vormachen, was man damit anfängt. Im Gegenteil: Das Kind kann mehr als wir oft denken! Aber tun Sie mit, indem Sie Ihr Interesse zeigen an dem, was das Kind erprobt. In diesem Abschnitt erfahren Sie, wie Sie das Kind in seinem Tun unterstützen können. Vielleicht ist es angebracht, ihm einen Impuls zu geben oder eine Grenze zu setzen. Oder es braucht einen Schutzraum, um ans Ziel zu kommen. Jedenfalls werden Sie eingeladen, teilzuhaben an seinem Drang, die Welt zu entdecken. Die Anregungen in dieser Rubrik wollen zeigen, wie Sie als erwachsene Person die Ansätze Ihres Kindes fördern und ihm helfen können, dass es selber tun kann, was zu tun ist.

Abschließend wird beschrieben, welche Bedeutung diese Situation für die gegenwärtige und zukünftige Entwicklung des Kindes haben könnte und welche Gedanken Sie sich darüber machen können. Auch wenn wir unserem Handeln nicht ständig pädagogische Absichten unterstellen und in der unmittelbaren Situation nicht darüber nachdenken, können selbst die unauffälligsten Erfahrungen nachhaltig wirken. Viel Beiläufiges kann Spuren hinterlassen in den Kindern, mit denen wir uns abgeben. Und jedes speichert auf seine Weise, was ihm widerfährt.

Das Kopfkissen schütteln

Das Kopfkissen schütteln: Es hat uns durch die Nacht getragen und uns Geborgenheit geschenkt. Es hat unsere Träume aufgefangen und uns Schutz gegeben. Jetzt liegt es zerwühlt da, gezeichnet von den Spuren, die wir hinterlassen haben. Wenn das Kopfkissen reden könnte, wüsste es besser als wir selbst, wie unser Schlaf war – friedlich und erholsam oder rastlos und unruhig. Nicht immer fällt es leicht, sich am Morgen vom Kissen zu trennen. Es hat uns über Stunden warm gehalten, und der Tag kann möglicherweise anders aussehen: Vielleicht wird er uns

etwas abverlangen, vielleicht bläst uns ein rauer Wind entgegen. Wer nach dem Aufstehen das Kopfkissen schüttelt, macht eine erste schwungvolle Bewegung, die aufweckt und stärkt. Es ist die erste Tat am neuen Tag – handfest und entschieden.

Gehen Sie mit dem Kind ins Zimmer und lassen Sie es das Kissen aus dem Bett nehmen. Vielleicht sind seine Arme noch zu kurz – dann werden Sie es hoch halten, damit es das Kissen erreichen kann. Es wird spontan den Kopf hineinbetten, es wird das Kissen auf den Boden fallen lassen oder es Ihnen zuwerfen. Das Spiel des Kissenwerfens wird Sie beide zum Lachen bringen, und vielleicht haben Sie ein wenig Zeit dafür. Dann zeigen Sie dem Kind, wie man das Kissen aufschüttelt. Sie öffnen das Fenster oder gehen gemeinsam auf die Terrasse, und das Kind kann selber sein Kopfkissen schütteln. Eine Weile bleibt es an der frischen Luft liegen. Dann holt das Kind das Kissen herein, und Sie beide riechen daran mit tiefen Atemzügen. Jetzt kann das Kind das ausgelüftete Kissen ins Bett zurücklegen, an jenen Platz, an dem es am Abend, wenn es dunkel wird, den Kopf ablegen wird.

Das Kopfkissen erinnert nicht nur an körperliche, sondern auch an seelische Ruhe und Entspannung. Das Sprichwort zeugt davon, wenn es das gute Gewissen ein »sanftes Ruhekissen« nennt. Das Kind wird vielleicht auch tagsüber hie und da sein Kissen holen und es sich um den Kopf legen. Falls es das Bedürfnis danach hat, können wir es bei Gelegenheit zusammen mit dem Kissen in die Arme nehmen und liebkosen. Denn Erfahrungen, die Wärme und Geborgenheit spürbar machen, sind ein wertvolles Kraftreservoir für unser Kind und für uns selbst.

Die Hose anziehen

Die Hose anziehen: ein Kleidungsstück, ohne das wir nicht aus dem Haus gehen. Sie ist wohl das elementarste Kleidungsstück, das wir besitzen. Eine Hose umhüllt unser Intimstes, und wenn sie lang ist, auch unsere Beine. Sie trägt dazu bei, dass wir bis in unser Innerstes selbst geborgen sind. Wie gut, täglich in die Hose zu steigen und unsere Gesundheit und Vitalität zu spüren! So rüsten wir uns für den Tag, unwichtig, ob es früh am Morgen ist oder ob es uns vergönnt war auszuschlafen. Wir steigen in unsere Kleider und machen uns bereit für

Begegnungen, für Arbeit und Freizeit, für Gewohntes und Überraschendes. Und jedes Mal, wenn wir uns anziehen und den Tag beginnen, liegt vor uns ein unverbrauchter Lebensabschnitt, der uns Stunde um Stunde zur Verfügung steht, bis wir am Abend die Kleider wieder ablegen.

Die Hose anzuziehen ist für kleine Kinder gar nicht so einfach. Sie steigen vielleicht mit beiden Beinen ins gleiche Loch, oder sie versuchen unten einzuschlüpfen, wo die Hosenbeine enden. Wir können damit beginnen, das Kind die Hose holen zu lassen. Wo ist sie am Vorabend liegen geblieben? Vielleicht liegt sie zerknüllt in einer Ecke oder zusammengefaltet auf dem Stuhl, wo wir sie am Tag zuvor hingelegt haben. Nun kann das Kind die Hose auf dem Boden ausbreiten, den Stoff etwas ziehen, damit er schön glatt ist. Dann gilt es einzusteigen. Das Kind versucht, mit den Beinen den Weg zu finden, und wir helfen nur so viel wie nötig. Dann kann es aufstehen, die Hose hochziehen und spüren: So groß bin ich! Und meine Hose sitzt.

Unter anderem ist es das Anziehen von Kleidern, das uns zu Menschen macht. Denn es gibt kein anderes Lebewesen, das sich bekleidet. Ein Kind, das sich selber anziehen kann, hat einen großen Entwicklungsschritt getan. Je selbstständiger es dabei wird, umso mehr Unabhängigkeit gewinnt es. Denn es ist ein Ausdruck von Freiheit, sich selber ankleiden zu können. Wer krank oder behindert ist, wer alt und gebrechlich wird, fürchtet den Verlust dieser Unabhängigkeit. Nur notgedrungen nehmen Menschen dann fremde Hilfe in Kauf.

Brot schneiden

Brot schneiden: das große Messer ansetzen und mit der scharfen Klinge Scheibe um Scheibe abtrennen. Der sagenhafte Duft von frischem Brot, der in die Nase steigt! Wir kennen das vertraute Geräusch des Sägens, die feuchten Krümel, die auf den Tisch fallen. Und wir erinnern uns an jenen Hunger, den wir selbst nie hatten, von dem wir aber wissen, dass weltweit Menschen daran zugrunde gehen. Kaum mehr erschrecken wir darüber. Holzgeschnitzte Brotteller tauchen in der Erinnerung auf, mit eingeritzten Buchstaben in alter Schrift: »Unser täglich Brot gib uns

heute.« Gedanken und Gebete, für die uns Zeit und Stimmung fehlen, wenn wir frühmorgens hastig ein Stück in den Mund schieben. Und trotzdem bleibt ein Rest von Dankbarkeit für alle Nahrung, die uns am Leben hält.

Das Kind kann vielleicht schon selber die Schranktür öffnen, die Arme ausstrecken und den Brotkorb vom Regal nehmen. Lassen wir es auch das große Brotmesser aus der Schublade nehmen, sobald wir es ihm zutrauen. Keine Angst – denn wenn Sie das Kind aufmerksam begleiten, wird es das schärfste Messer ohne Verletzungsgefahr in die Hand nehmen. Das Brotschneiden hingegen ist Ihre Sache, aber das Kind kann in der Nähe bleiben: Laden Sie es ein, zuzuschauen und zuzuhören. Brotschneiden ist eine schlichte Handlung und trotzdem eine große Sache, wenn sie aufmerksam vollzogen wird. Legen Sie das Messer ab, und das Kind kann eine Scheibe Brot mit Sorgfalt in die flache Hand nehmen und daran riechen. Atmen auch Sie den feinen Brotduft ein. Dieses kurze Innehalten wird dazu beitragen, dass Sie und Ihr Kind das Brot beim Essen umso mehr genießen.

Beinahe ohne Worte wird Ihr Kind erfahren, dass Brot für uns eine Nahrung ist – die Nahrung schlechthin. So lernt es wie von selbst, mit Nahrung anders umzugehen als beispielsweise mit Spielsachen: Mit Spielsachen wird gespielt, Brot wird gegessen. Der Umgang mit Brot beeinflusst das Kind und bestimmt auch weitgehend, wie es sich später generell zu Esswaren verhalten wird. Diese kleine »Brotlektion« könnte sich wie ein Gegenprogramm zu Missachtung und Verschwendung auswirken.

Die Katze füttern

Die Katze füttern: Wie sie sich anschleicht auf leisen Pfoten und uns um die Beine streicht, als könnte sie genau sagen, was sie jetzt braucht. Sie hat ihr Recht auf Nahrung, Wärme, Schutz und Schlaf. So wie wir unsere Bedürfnisse stillen möchten, so wollen auch unsere Haustiere bekommen, was sie nötig haben. Wie ein Familienmitglied geht die Katze ein und aus, verkriecht sich oder steht im Mittelpunkt. Tiere können treue Freunde werden, wenn sie länger bei uns wohnen. Ihnen gehört jene Aufmerksamkeit, die ihnen als Tieren gerecht wird:

ein liebevolles Streicheln übers Fell, der Schlafplatz in der Ecke, ein Teller Milch am Morgen, die offene Tür für einen ausgiebigen Gang ins Freie. Wer mit Tieren lebt, ist der Schöpfung verbunden. Hunde, Katzen oder Vögel sind Weggefährten im Leben, und weil sie mit uns sind, dürfen sie mit unserer Zuwendung rechnen, soweit sie artgerecht und angemessen ist.

Das Kind will die Katze vielleicht am Schwanz zerren oder mit dem Fuß treten – das werden wir ihm klar verbieten! Es tut der Katze weh, werden wir sagen, sie ist kein Spielzeug, sie ist lebendig wie wir. Mit dem Kind zusammen werden Sie die Katze streicheln, wie sie es mag, über Kopf und Rücken. Das Kind kann sie ruhig kraulen, bis sie schnurrt, weil es ihr rundum wohl ist. Sie loben das Kind, wenn es ihm gelingt, sich der Katze zuzuwenden und liebevoll mit ihr zu sein. Es kann Milch in den Katzenteller gießen oder Katzenfutter ins Geschirr geben – so viel, wie es einer Katzenmahlzeit entspricht. Hie und da nehmen Sie sich Zeit, sich eine Weile mit dem Kind niederzukauern und der Katze beim Fressen zuzuschauen, wie sie mit der winzigen Zunge Milch läppert oder mit den scharfen, weißen Zähnen Futterbrocken zerkaut. Nur zuschauen! Die Katze will nicht gestört werden, wenn sie frisst.

Kinder lieben Tiere. – Stimmt das wirklich? Kinder sind zwar häufig fasziniert von Tieren, aber von selbst sind sie nicht immer in der Lage, ihnen gut zu begegnen. Es geht darum, dass das Kind Tiere als lebendige Wesen wahrnehmen lernt, die wie wir Wohlbehagen oder Schmerz empfinden. Wenn Kinder artgerecht mit Tieren umgehen lernen, werden sie auch weniger in Gefahr kommen, von ihnen angegriffen zu werden.

Schuhe binden

Schuhe binden: am Schuhbändel ziehen, bis er straff ist, die beiden Enden übereinander legen und eine schöne Schlaufe machen. Erinnern Sie sich? Damals im Kindergarten lernten wir, wie das geht. Es war sozusagen ein Reifetest. Man freute sich darüber, dass man jetzt Schuhe binden konnte, und man staunte, wenn der Knoten hielt. Dann – mit der Zeit – ging das Staunen verloren. Wir konnten zwar Schuhe binden; wir konnten es immer schneller und besser. Aber wir dachten nicht mehr daran, zu welch großartiger motorischer Leistung unsere Finger

fähig sind, und wie mühelos sie diese, wann immer nötig, vollbringen. Wir müssten wieder einmal, im Alter von dreißig, fünfzig oder achtzig Jahren, die Schuhe binden wie zum ersten Mal ...

Ihr Kind hat vielleicht bereits gelernt, die Schuhe selber zu binden, sofern es überhaupt Schuhe hat, die man binden muss. Schauen Sie ihm bei Gelegenheit wieder einmal zu und sagen Sie ihm ein anerkennendes Wort. Du kannst das sehr gut, könnten wir zu unserem Kind sagen, du hast ausgezeichnete Finger. Sie können die kleine Hand des Kindes in ihre große nehmen und gemeinsam mit ihm die Beweglichkeit der Finger spüren. So wunderbar sind wir gemacht: Jeder Finger kann sich biegen und strecken. Wir können damit nicht nur Schuhe binden, wir können auch den Reißverschluss ziehen, die Tür öffnen und schließen, den Löffel zum Mund führen und vieles mehr. Lassen Sie Ihr Kind aufzählen, wofür es heute seine Hände schon gebraucht hat und entdecken Sie mit ihm von neuem, dass wir fast nichts ohne Hände tun.

Das Kind wird die Geschicklichkeit seines Körpers entdecken und stolz sein darauf, dass es vieles immer besser kann. Der Körper ist unser wertvollstes Instrument, solange wir leben, und das Kind wird früh lernen, nicht nur stolz darauf zu sein, sondern dafür auch Sorge zu tragen. Zu Recht wird heute Gesundheitsförderung groß geschrieben; der erste Schritt dazu ist die Wertschätzung der eigenen Glieder, die im Zusammenspiel mit allen Organen ein Wunderwerk der Schöpfung darstellen.

Den Schirm aufspannen

Den Schirm aufspannen: mit der einen Hand ziehen, mit der andern stoßen; zuschauen, wie sich der Stoff spannt zwischen den Speichen, als würde sich ein Stern entfalten an einem Regentag. Er ist mein Dach, mein leichtes Haus, das ich ohne Mühe durch den Regen trage. Ich bin geschützt auf allen nassen Wegen, und wenn ich mir mitten auf der Straße einen Moment gönnen kann zum Stillstehen, höre ich nichts anderes als das vertraute Geräusch der Tropfen, die unablässig auf das gespannte Tuch fallen. Im Regen stehen und trocken bleiben! Um ein

sicheres Dach wissen über mir, auf dem die Nässe abprallt über Kopf und Schultern, über meinem Handgepäck. Geborgen sein, wenn sich die Wolken leeren und die frische, feuchte Luft tief in die Lungen holen.

Lassen Sie das Kind den Schirm aus dem Ständer heben. Vielleicht geht das ohne Ihre Hilfe. Helfen Sie nicht mehr als nötig! Das Kind kann sich strecken, es wird sich auf die Zehen stellen, wenn es zu klein ist. Wenn es nun den Schirm neben sich hält, wird klar: So groß bin ich schon! Auch der Schirm ist groß – und doch ein kleines, schwaches Ding, denn ohne mich kann er nicht einmal stehen! Das Kind kann sich als »groß« erfahren neben diesem Schirm, auch wenn er es um Zentimeter überragt. Dann geht's hinaus ins kühle Regenwetter. Wenigstens für einen Moment können Sie das Kind den Schirm halten lassen, und Sie kauern sich darunter. Sagen Sie einige Sekunden lang nichts und lauschen Sie gemeinsam den Tropfen, die auf den Schirm fallen.

Schutz wird spürbar, wenn auch nur für ein paar Augenblicke: Oben fällt Wasser vom Himmel, und unten sind wir im Trockenen aufgehoben. Ihr Kind möchte vielleicht noch länger verweilen – oder sofort weitergehen. Jedenfalls hat es durch Ihr Mitsein einen Moment lang erfahren, dass es nicht »im Regen steht«. Vielleicht erinnern Sie sich an diesen Vers aus dem biblischen Buch der Psalmen: »Du hältst mich hinten und vorn umschlossen und hast deine Hand auf mich gelegt« (Ps 139,5). Vielleicht wird Ihr Kind diesen Worten begegnen, wenn es einige Jahre älter ist. Sie jedenfalls können ihm immer wieder wünschen, dass es im Leben beschützt bleibt und nicht im Stich gelassen wird, und Sie können das Ihre dazu beitragen.

Den Einkaufswagen schieben

Den Einkaufswagen schieben: Zuweilen reihen wir uns ein in die Schlange der Konsumierenden und holen Mehl und Butter, Zucker und Salz aus Regalen und Kühltruhen. Meistens kaufen wir mehr, als wir brauchen, gedämpfte Musik in den Ohren, das Stimmengewirr der Menschen um uns, die ebenfalls ihren Wagen schieben und den Blick auf all die Waren richten, die zum Kauf locken. Wir gehören zu den Glücklichen dieser Welt, deren Tische gedeckt sind und leisten uns mehr, als wir mit beiden Händen tragen können. Darum wurden diese

praktischen Einkaufswagen erfunden, die wir mühelos vor uns her schieben. In den meisten Geschäftshäusern sind großräumige Lifte eingebaut, damit uns das Kaufen zusätzlich erleichtert wird. Wir können ein Erlebnis daraus machen, wenn wir Zeit haben, den Einkaufsbummel genießen, falls er uns Spaß macht. Mit einem Anflug von Heiterkeit können wir üben, sinnvoll mit dem Reichtum umzugehen, der uns zur Verfügung steht.

In größeren Einkaufszentren gibt es kleine Einkaufswagen für Kinder. Das Kind wird gerne nach einem solchen Wagen greifen und einkaufen »wie die Großen«. Zusammen mit Ihnen kann es jetzt schon ein Stück weit lernen, wie bewusstes Einkaufen geht. Sie können mit ihm die Regale nach bestimmten Produkten absuchen und mit ihm darüber sprechen, ob daheim im Küchenschrank Nudeln oder Reis fehlen. Das Kind kann Vorschläge machen, was zu kaufen ist, und Sie können darauf reagieren. Es wird die Erfahrung machen, dass man nicht alles kaufen kann und will, was verlockend wäre. Vielleicht werden Sie sagen: Das brauchen wir. Das brauchen wir nicht. Und das gönnen wir uns heute und machen uns eine Freude damit.

Wir gewinnen ein Stück Freiheit, wenn wir dem Konsumdrang nicht wehrlos unterliegen: Wir kaufen ein, was wir brauchen und was wir uns hie und da zusätzlich bewusst gönnen. Das Kind kann diese Unabhängigkeit früh mitbekommen, wenn Sie es einbeziehen in Ihre Entscheidungen, die Sie vor den vollen Regalen treffen.

Rolltreppe fahren

Rolltreppe fahren: Diese bequeme Art der Fortbewegung ist uns längst zur Gewohnheit geworden. Aber damals, als es die ersten fahrenden Treppen gab, machten sich Kinder und Jugendliche manchmal einen Spaß daraus, sich am freien Nachmittag im Warenhaus von einem solchen Wunderding hinauf- und hinuntertragen zu lassen, als wäre es ein fliegender Teppich. Heute ist eine Rolltreppe keine Besonderheit mehr. Ohne Unterbrechung werden in Kaufhäusern und Bahnhöfen Menschenmengen von einer Ebene auf die andere befördert. Die Tech-

nik macht es möglich, und wir machen mit: Wir lassen uns fahren und werden getragen. Wir fügen uns ein und sind mit dabei. Im Lebensboot sitzend schwimmen wir durch den Strom der Zeit.

Das Kind steht auf der Rolltreppe. Es wird – wenn es schon groß genug ist – die eine Hand auf den Handlauf legen. Auf jeden Fall werden Sie es dazu anhalten, sich auf der Rolltreppe richtig zu verhalten, weil es sonst gefährlich wird. Aber lassen Sie es nicht dabei bewenden und genießen Sie bewusst das Fahren und Getragenwerden gemeinsam mit dem Kind. Wie gut, werden Sie vielleicht sagen, wir tun keinen Schritt und kommen trotzdem immer weiter und höher! Und nun – was sehen wir? Das Kind wird aufzählen, was alles sichtbar wird, wenn die Perspektive sich ändert. Je mehr Sie sich für die Wahrnehmungen des Kindes interessieren, umso mehr wird es begeistert davon erzählen. Lassen Sie sich von ihm herauslocken aus dem abgestumpften Gewohnheitsdenken, wonach eine Rolltreppe längst nichts Besonderes mehr sei.

Das Leben gewinnt desto mehr an Qualität, je präsenter wir in der Gegenwart stehen und je bewusster wir sie wahrnehmen. Wenn Sie gemeinsam mit dem Kind beim Fahren auf der Rolltreppe den Moment zu genießen versuchen, unterstützen Sie sein waches Bewusstsein. Sie tragen dazu bei, dass es den Augenblick voll auskosten kann und dass ihm die Fähigkeit dazu nicht so schnell verloren geht.

Den Briefkasten leeren

Den Briefkasten leeren: Ist etwas drin? Im Vorübergehen schnell in den Schlitz schauen oder greifen, um festzustellen, ob es sich lohnt, die Treppe hochzuspringen und den Schlüssel zu holen. Jemand könnte einen Brief statt nur eine Mail geschrieben haben. Oder das Meer kommt zu uns auf einer Ferienkarte, die Freunde aus dem Süden schicken? Vielleicht ist eine Rechnung da oder wenigstens die Tageszeitung. Der Briefkasten ist täglich eines Blickes wert, es kann ja sein, dass wir darin nebst reichhaltigen Beiträgen zur Altpapiersammlung

eine Nachricht finden, die dem Tag einen besonderen Glanz gibt oder gar unser Leben in neue Bahnen lenkt – eine frohe Botschaft, eine Todesanzeige, ein herzlicher Glückwunsch oder sonst eine unerwartete Überraschung.

Ihr Kind ist vielleicht schon groß genug, um den Briefkasten zu erreichen. Sonst werden Sie es auf den Arm nehmen, damit es die Klappe hochschieben und durch den Schlitz gucken kann. Es wird sagen, ob der Kasten noch leer ist oder ob der Briefträger schon da war. Wenn ja, können Sie ihm den kleinen Schlüssel in die Hand geben, damit es versuchen kann, den Kasten zu öffnen. Lassen Sie das Kind probieren – wenn Sie Zeit haben so lange, bis es Erfolg hat oder Ihnen den Schlüssel zurückgibt mit der Bitte: Du musst es machen! Dieser Bitte können Sie nachkommen. Sie könnten den Schlüssel aber auch dem Kind überlassen und Ihre Hand um die seine legen, den Schlüssel langsam drehen und dem Kind das Bewusstsein geben: Wir haben es gemeinsam geschafft! Jetzt kann das Kind Zeitungen, Briefe und Papiere aus dem Kasten heben.

Ein Kind, das aktiv an alltäglichen Handlungen teilnehmen kann, lernt das Entscheidenste überhaupt. Es lernt, das praktische Leben zu meistern. Es geht immer geschickter mit den Dingen um. Es weiß immer besser, wie man die Gegenstände in die Hand nimmt und wie man sie verwendet. Und nicht zuletzt: Es spürt, dass selbst kleine Dinge wie ein Briefkastenschlüssel ihre Wichtigkeit haben.

Die Tür schließen

Die Tür schließen: die Klinke drücken und dann stoßen oder ziehen – je nachdem. Wir kennen diese klare und bestimmte Bewegung, die ganz anders anmutet, als wenn jemand mit einem Knall die Tür zuschlägt. In der Regel schließen wir sie, um jenen Raum zu schützen, den wir betreten oder verlassen. Denn ein geschlossener Raum ist eine Welt für sich. Gäbe es nirgends Türen, wäre das vielleicht oft praktisch, aber wir kennen auch das Bedürfnis, für uns zu sein – allein oder mit anderen. Manchmal schließen wir ein Zimmer oder ein ganzes Haus mit dem

Schlüssel ab, weil wir nicht wollen, dass Unberechtigte eindringen. Damit bringen wir ein Stück Macht zum Ausdruck, wir reden von der »Schlüsselgewalt«. Jedenfalls zeigen wir jedes Mal eine gewisse Autonomie, wenn wir eine Tür schließen. Selbst dann, wenn wir sie nur mit der Klinke zumachen, nehmen wir uns heraus, unseren unmittelbaren Lebensraum über kürzere oder längere Zeit abzugrenzen.

Sie können Ihrem Kind zeigen, wie man die Tür nicht nur öffnen, sondern auch schließen kann. Schau, wie das geht, werden Sie sagen, und ihm diese Handlung vorzeigen. Für das Kind ist das Schließen einer Tür eine komplexe Tätigkeit. Es wird Ihnen dabei zuschauen und es dann selbst versuchen wollen. Aber so einfach ist es nicht: Das Kind wird die Türklinke herunterdrücken, aber um gleichzeitig zu ziehen oder zu drücken wird es am Anfang noch nicht stark genug sein. Dann werden Sie es mit vereinter Kraft gemeinsam schaffen: Legen Sie zusammen mit dem Kind Hand an, und wenn die Tür zu ist, loben Sie es für das Gelingen. Mit der Zeit kann es selber schließen. Geben Sie dem Kind ein anerkennendes Wort, wann immer Sie sehen, dass es von sich aus eine Tür zumacht, so gut es das kann.

Sobald das Kind so groß ist, dass es Türklinken fassen kann, wird sein Lebensradius schlagartig erweitert. Beim Öffnen und Schließen von Türen zeigt es seine wachsende Autonomie. Wenn Sie ihm helfen, Türen selbst zu öffnen und zu schließen, unterstützen Sie es dabei, ein freier und selbstständiger Mensch zu werden.

Die Jacke aufhängen

Die Jacke aufhängen: einem Kleidungsstück jenen Platz geben, der ihm zukommt, wenn wir es nicht an uns tragen. Die Jacke ist versorgt und sie ist jederzeit wieder verfügbar, wenn wir sie brauchen. Gut, dass es Haken gibt und sogar speziell angefertigte Bügel, die für unsere Kleider gemacht sind. »Garderobe« nennen wir diese Einrichtung, die der Wortbedeutung nach meint, dass unsere Kleider dort »behütet« sind. Eine selten bewusste Achtsamkeit klingt in diesem Ausdruck mit, die einer Jacke oder einem Mantel gelten, manchmal auch einem Hut oder

einem Paar Handschuhe, die wir dort aufbewahren. Denn für diese Dinge, die uns gute Dienste leisten, ist diese Einrichtung eigens erfunden worden. Wir können sie nutzen, und wir können eine Jacke so aufhängen, dass uns selbst bei dieser einfachen Handlung ein Anflug von Dankbarkeit begleitet.

Wenn das Kind im Freien war und heimkommt, kann es vielleicht schon ohne fremde Hilfe die Jacke ausziehen. Machen Sie es aufmerksam auf den Haken, an den es seine Jacke hängen kann. Es kann den Haken zuerst anfassen und die Aufhängevorrichtung an der Innenseite des Kleidungsstückes suchen, um festzustellen, wie die Jacke aufzuhängen ist. Jetzt soll es versuchen, es zu tun, und Sie sind der Zuschauer oder die Zuschauerin, als ob es um ein großes Schauspiel ginge! In Wirklichkeit ist diese Handlung, die Ihr Kind ausführt, wichtiger als jedes Schauspiel, denn es übt sich darin, das praktische Leben zu meistern. Loben Sie das Kind für seine Tat, und machen Sie es immer wieder darauf aufmerksam, wenn es nach Hause kommt, die Jacke »wie die Großen« an den Haken zu hängen.

Das Kind kann auf schlichte Weise erfahren, dass Ordnung das Leben erleichtert. Denn eine Jacke aufzuhängen kann den Alltag reibungslos und unkompliziert machen. Dazu braucht es zunächst nicht mehr als die aufmerksame Unterstützung dieser einfachen Verrichtung, die sonst kaum beachtet wird.

Salat putzen

Salat putzen: mit scharfem Schnitt den Strunk abschneiden und ein Blatt nach dem andern ablösen, grüne und gelbe – vielleicht auch rötliche Farben entdecken. Wahrnehmen, wie verschieden die Blätter gefaltet und gekräuselt sind, wie sie bis zuinnerst immer heller und zarter werden. Nun den Wasserhahn aufdrehen, jedes Salatblatt in die Hand nehmen und einzeln unter den Strahl halten. Zusehen, wie Sand und Schmutz fortgespült werden, wie die Wassertropfen abperlen. Die Erinnerung an warme Erde, der Geruch von Feld und Acker, der in die

Nase steigt. Eine Vorahnung auf den Genuss am Tisch – der grüne Salat als leichte Vorspeise, als Vitaminspender oder als Beilage zu einer herzhaften Mahlzeit.

Fast jedes Kind spielt gern mit Wasser. Es schiebt einen Stuhl zum Waschbecken und klettert hinauf, damit es den Wasserhahn erreichen kann. Aber diesmal macht es kein zweckloses Wasserspiel, sondern es hilft beim Salatwaschen: Es kann die gelösten Blätter unter den Wasserstrahl halten – und zwar so lange, bis sie sauber sind. Sie können dem Kind eine Schüssel bereitstellen, in die es die gewaschenen Salatblätter legen kann. Betrachten Sie zusammen mit dem Kind die verschiedenen Blätter. Keines ist gleich wie das andere! Jedes hat eine andere Form, jedes hat andere Farben. Ermuntern Sie das Kind, die Blätter sorgfältig in die Hand zu nehmen und so in die Schüssel zu legen, dass sie frisch und essbar bleiben. Lassen Sie das Kind die Schüssel mit den gewaschenen Salatblättern auf den Tisch stellen und loben Sie es als Koch oder als Köchin, denn es hat einen echten Beitrag zur Zubereitung des Mittag- oder Abendessens geleistet.

Wer sich am Leben erhalten will, muss sich Nahrung beschaffen und sie so zubereiten, dass sie genießbar wird. Es handelt sich dabei um eine der elementarsten menschlichen Tätigkeiten. Das Kind kann früh damit beginnen und gleichzeitig lernen, dass jede Nahrung, besonders jene, die direkt aus der Natur kommt, unsere Achtsamkeit verdient.

Den Tisch decken

Den Tisch decken: Teller platzieren, links die Gabel, rechts Messer und Löffel. Oben rechts das Trinkglas. Mit wachem Blick überprüfen, ob nichts fehlt und ob für alle, die zum Essen erwartet werden, ein Platz gedeckt ist. Die Vorfreude empfinden oder zumindest einen Gedanken daran verlieren, dass jene, die demnächst kommen und sich hinsetzen, Appetit mitbringen. Sie werden froh sein oder wenigstens zufrieden, dass sie den Hunger stillen können, und mit der Nahrung mögen sie gleichzeitig Kraft schöpfen. Wer einen Tisch deckt, hält Menschen am

Leben. Und wem der Tisch gedeckt wird, ist nicht vergessen gegangen.
Es heißt: Gedeckte Tische stiften Gemeinschaft. Denn seit jeher gilt die Tafelrunde als Urbild menschlichen Zusammenseins.

Das Kind beginnt damit, das Geschirr aus dem Schrank zu nehmen, sofern es dazu schon groß genug ist. Sonst werden Sie ihm dabei helfen. Es kann auch einen Teller nach dem anderen holen, auftragen und jeweils sagen, wer sich an den entsprechenden Platz setzen wird. Vielleicht weiß es bereits, wo das Besteck hingehört. Sonst werden Sie es ihm zeigen, und es kann alle Gedecke selbstständig auflegen. Sie können das Kind dazu anregen, den Tisch so zu decken, dass er einladend aussieht und dass alle, die zum Essen kommen, sich mit Freude daran setzen werden. Lassen Sie das Kind selber überlegen, ob die Gedecke vollständig sind oder ob noch etwas fehlt. Dann können Sie mit ihm den gedeckten Tisch einen Moment lang betrachten und ihm eine Anerkennung für das vollendete Werk geben.

Auch wenn nur zwei Personen miteinander essen oder wenn für eine Mahlzeit wenig Zeit zur Verfügung steht, ist der gedeckte Tisch die Vorbereitung auf eine Gemeinschaftserfahrung. Beim Tischdecken kann das Kind lernen, an sich und andere zu denken. Es kann üben, niemanden und nichts zu vergessen. Mehr noch: Beim Tischdecken entsteht immer eine kleine Vorfreude, wenn jene, die zum Essen kommen werden, gerne erwartet werden.

Die Hände waschen

Die Hände waschen: den Wasserhahn öffnen – und wirklich: Es funktioniert! Es funktioniert täglich, stündlich, wann immer wir wollen. Wir gehören zu den Glücklichen: Der Wasserhahn versiegt nicht in der Küche und nicht im Badezimmer. All unsere Wasserhähne geben Tag und Nacht Wasser ab, so oft und so lange wir sie öffnen. Ich kann die Finger unter den Strahl halten und die Hände waschen – kalt oder warm. Ich kann sie mit duftender Seife einreiben und den weißen Schaum auf der Haut verteilen. Ich kann fühlen, wie wohl es tut, die

Hände ineinander zu legen und sanft zu reiben, bis sie sauber sind. Dann wieder Wasser fließen lassen und den Seifenschaum abspülen. Und während ich zum Handtuch greife, ist mir, als hätte ich nicht nur die Hände gewaschen, sondern mich als ganzer Mensch erfrischt.

Für einmal können Sie mit Ihrem Kind das Waschen der Hände zu einem kleinen Wasserfest machen: Den Hahn aufdrehen und das Wasser über die Finger rieseln zu lassen, kann ein Erlebnis wert sein. Ihr Kind wird die eine, die andere und beide Hände gleichzeitig unter den Wasserstrahl halten wollen, oder es möchte vielleicht jedem Finger einzeln diese Erfrischung gönnen. Lassen Sie es das Wasser genießen – und genießen Sie es mit! Geben Sie ihm dann die Seife in die Hand und reiben Sie gemeinsam die Hände. Vielleicht mag das Kind seine Hände in die Ihren legen oder es möchte sich ganz selbstständig die Hände waschen. Überlassen Sie ihm die Initiative, aber setzen Sie ihm eine Grenze, wenn es die Seife im Wasser badet oder nicht darauf achtet, dass es die ganze Umgebung mit Wasser verspritzt.

Sich die Hände waschen heißt, sich etwas Gutes tun. Es wäre schade, wenn Ihr Kind das Händewaschen als lästige Pflicht verinnerlichen würde. Durch Ihr Dabeisein und Ihre Unterstützung können Sie es darin bestärken, das Waschen der Hände als wohltuend zu empfinden und letztlich dankbar zu sein dafür, dass in unserer Umgebung fließendes Wasser nicht nur zum Waschen, sondern sogar zum Trinken reichlich zur Verfügung steht.

Spielsachen aufräumen

Spielsachen aufräumen: sich der Puppe mit den Schlafaugen, der schwarzen Katze aus weichem Plüsch und dem geliebten Teddybär aufmerksam zuwenden. Die zerstreuten Legosteine zusammensuchen und alle in eine Schachtel legen, damit sie am nächsten Tag bereit sind für ein neues Bauwerk. Hingeworfene Abfälle einsammeln und entsorgen. Jedes herumliegende Spielzeug bewusst in die Hand nehmen und ihm einen geeigneten Platz geben im Kinderzimmer. Vielleicht für eine Zeit lang ein paar Dinge verpacken und auf dem Dachboden

verstauen, um die Überfülle abzutragen und dem Überdruss vorzubeugen. Eines Tages können wir die alten Spielsachen hervorholen, als wären sie neu.

Stehen Sie mit dem Kind an der Tür und werfen Sie einen Blick in sein Zimmer. Sagen Sie ihm, dass Sie es jetzt gemeinsam mit ihm so herrichten möchten, dass man es gerne betritt, dass man sich wieder auf den Boden setzen kann und dass es schön aussieht, wo immer man hinschaut. Lassen Sie das Kind damit beginnen, einen Gegenstand in die Hand zu nehmen, einen geeigneten Platz dafür zu suchen und den Gegenstand dorthin zu bringen. Ein Ding nach dem anderen, heißt die Devise, und jedes Mal, wenn ein Spielzeug oder ein anderer Gegenstand an seinem Platz ist, kann eine kleine Anerkennung motivierend wirken, um mit dem »Versorgen« fortzufahren. Machen Sie mit Ihrem Kind ein Spiel daraus, und am Ende geben Sie Ihrer Freude Ausdruck darüber, dass alle Dinge, mit denen das Kind lebt, an einem guten Ort sind.

Sie können das Aufräumen des Kinderzimmers als gemeinsame Aktion mit dem Kind betrachten – im Wissen darum, dass im Ausdruck »Versorgen« die »Sorge« für die Dinge mitgemeint ist. Wer für Dinge wirklich sorgt, geht achtsam damit um. Das Gute daran: Eine achtsame Haltung macht lästiges Aufräumen weitgehend überflüssig, weil wir es dann im Voraus vermeiden, in der Hektik des Alltags die Gegenstände irgendwo hinzuwerfen oder unbewusst liegen zu lassen. Wenn Sie Ihrem Kind helfen, mit seinen Spielsachen entsprechend zu verfahren, werden Sie es günstig beeinflussen, was seinen Umgang auch mit andern Gegenständen betrifft.

Scherben zusammenkehren

Scherben zusammenkehren: in einem zerbrochenen Teller oder in einer in Brüche gegangenen Schale ein klein wenig der Vergänglichkeit allen Lebens begegnen. Nichts bleibt für immer, und nichts können wir festhalten. Trotzdem macht es Sinn, einen Moment lang innezuhalten und das Unglück zu bedauern, wenn wir davon berührt sind – selbst wenn es nur ein Hauch von Trauer ist, die wir empfinden. Mehr oder weniger groß mag der wirkliche Schaden sein – manchmal ist er größer und sehr oft kleiner, als uns auf Anhieb bewusst wird. Jedenfalls sind Scher-

ben meistens Überreste von gelebtem Leben, das eben jetzt zu Ende ging. Unser Gemüt darf es wahrnehmen. Dann bleibt zu tun, was zu tun ist: Wir holen Schaufel und Besen und putzen die Scherben weg, damit sich niemand daran verletzt.

Das Kind erschrickt vielleicht, wenn etwas in Scherben geht. Möglicherweise erschrecken wir noch mehr, und das Kind darf es spüren. Der kleine Schock darf Raum bekommen. Kauern Sie sich mit dem Kind auf den Boden, um zu sehen, was passiert ist. Verzichten Sie auf Schuldzuweisungen oder Rechtfertigungen, aber nehmen Sie gemeinsam mit dem Kind den Schaden wahr. Vielleicht weint das Kind oder es gibt in anderer Weise seinem Bedauern Ausdruck. Gehen Sie darauf ein, und spielen Sie das Empfinden des Kindes nicht herunter. Dann lassen Sie es aktiv sein, wenn es darum geht, den Schaden zu beheben. Es kann Schaufel und Besen holen, es kann das eine oder andere Bruchstück aufheben und mithelfen, die Scherben in den Kehricht zu schütten. Es kann in den Kehrichtsack hineinschauen und feststellen, dass die Scherben dorthin gehören, und Sie werden ihm sagen, dass es den Gegenstand, der in Brüche ging, jetzt nicht mehr gibt.

Sie werden dem Kind mit solchem Mitdenken, Mitfühlen und Mittun einen ersten Zugang zu einem Thema öffnen, dem in der Erziehung gerne ausgewichen wird. Selbst wenn im Zusammenhang mit einem zerbrochenen Geschirr nicht von Sterben und Tod gesprochen werden kann, so sind solche Erfahrungen trotzdem eine Art »Vorboten«, die dem Kind früh zeigen, dass wir der Vergänglichkeit auf Schritt und Tritt begegnen.

Altpapier bündeln

Altpapier bündeln: Schnell vergeht die Aktualität! Nach einem Tag ist eine Zeitung alt. Wir legen sie weg, denn im Briefkasten steckt die neue. So sammeln sich in kurzer Zeit stapelweise Zeitungen an, die wir für die Papiersammlung bereitstellen. Eine Handlung, wie sie unspektakulärer nicht sein könnte: Wir schichten einige Zeitungen aufeinander, schneiden ein Stück Schnur ab und spannen sie um den Papierstapel. Wir machen einen Knoten oder eine Schleife, wir tragen das Bündel in den Keller oder in den Abstellraum und haben kaum das

Gefühl, eine besondere Tat vollbracht zu haben. Wir sind höchstens zufrieden, dass sich der Ballast nicht unnötig anhäuft in der Wohnung. Und doch haben wir aus eigener Kraft in unserer Umgebung Ordnung geschaffen, die ein bisschen etwas beiträgt zu unserem Wohlbefinden.

Lassen Sie das Kind die Zeitungen zusammentragen und aufeinander schichten. Sie können es anregen, einen Turm zu bauen, der diesmal nicht aus Klötzen, sondern aus Zeitungen besteht. Es wird merken, dass dieser Turm nicht so schnell zusammenfällt und dass er auch nicht besonders hoch werden soll. Lassen Sie es die Schnur abrollen und unter Ihrer Aufsicht die Schere zur Hand nehmen. Wenn es selber schneiden kann, loben Sie es dafür. Sonst können Sie beide mit vereinten Kräften Hand anlegen. Jetzt kann das Kind die Schnur am einen Ende halten, und Sie führen das andere rund um den Papierstapel. Das gemeinsame Spannen und Binden ist der nächste Schritt, bei dem Sie – wie so oft – so viel wie möglich das Kind tun lassen. Stellen Sie sich am Schluss mit dem Kind vor die geschnürten Bündel und bringen Sie Ihren Stolz zum Ausdruck für das, was Sie beide gemeinsam zustande gebracht haben.

Ein Kind, das mittun darf statt bloß zuschauen zu müssen, gewinnt Selbstvertrauen: Indem Sie ihm etwas zutrauen, traut es sich selber auch etwas zu. Es kommt sich »groß« und nützlich vor und entwickelt immer mehr Fähigkeiten, um zum Zusammenleben in der Gemeinschaft einen Beitrag leisten zu können.

Einen Apfel essen

Einen Apfel essen: der entschiedene Biss ins knackige Fruchtfleisch und dann das genüssliche Kauen. Herber Saft zwischen den Zähnen, die Erfrischung an Gaumen und Zunge! Das berühmte Wasser, das uns im Mund zusammenläuft, wenn wir bloß daran denken: Ein wenig sauer, ein wenig süß – jedes Mal, wenn wir in einen Apfel beißen, von neuem spürbar. Die Schale rötlich, grün oder gelb, wie ein Gemälde schimmernd. Stiel und Kelch, die an den Baum erinnern, an dem die Frucht gewachsen ist und reif wurde aus Erde und

Sonne. Ein Apfel in unserer Hand, vor unseren Augen und Stück um Stück im Mund. Wenn wir ihn essen, nehmen wir Saft und Kraft in uns auf.

Das Kind kann den Apfel aus dem Korb oder aus der Früchteschale nehmen, ohne ihn auf den Boden fallen zu lassen. Bevor es hineinbeißt, werden Sie ihm sagen, dass er zuerst gewaschen werden muss. Dann will das Kind wahrscheinlich den ersten Biss nehmen. Vorher oder gleich nachher können Sie gemeinsam mit ihm den Apfel betrachten: Seine einzigartige Form, die bei keinem anderen Apfel dieselbe ist, die Farben auf allen Seiten, der Stiel, mit dem er am Zweig festgemacht war, bevor er gepflückt wurde. Wenn das Kind daran interessiert ist, können Sie ihm zeigen, wie man die Schale zum Glänzen bringen kann, indem man den Apfel vor dem Anbeißen über dem Ärmelstoff oder dem Hosenbein hin und her bewegt. Gemeinsam achten Sie dabei darauf, dass der Apfel sauber und zum Essen appetitlich bleibt. Genießen Sie mit ihm den ersten Biss, und lassen Sie das Kind sagen, wie ihm der Apfel schmeckt.

Wenn Ihr Kind einen Apfel so isst, dass es bewusst spürt, dass es einen Apfel isst, lernt es ein Stück Achtsamkeit. Es entwickelt eine Sensibilität für Nahrung, die aus der Erde kommt, die wächst und reift und unsere Lebensgrundlage bildet. Es wird ohne Erklärungen mitbekommen, was uns von der Natur geschenkt wird. Und es kann eine Haltung entwickeln, die im täglichen Umgang mit dem Natürlichen und Lebendigen einen Beitrag zur Bewahrung der Schöpfung leistet.

Blumen gießen

Blumen gießen: Wir sind nur zur Schönheit da, würden die Blumen sagen, wenn sie reden könnten, wir haben kein anderes Ziel und keinen andern Zweck als die Schönheit. Wir geben nichts zu essen und zu trinken und bauen euch Menschen kein Dach über den Kopf. Nur zum Betrachten sind wir da mit unseren bunten Blättern und Blüten. Diese sind jedoch so vielfältig und fantasievoll, dass ihr euch immer wieder wundern werdet. Wir brauchen Erde, Licht und Wasser. Und wenn wir blühen, sind wir kaum zu übertreffen! Wir wachsen,

reifen und verwelken. Denn wir sind lebendig. An uns wird sichtbar, wie das Leben kommt und geht – genau wie euer Leben. Das ist es, was wir euch zu bieten haben. – So würden Blumen sprechen, wenn sie könnten.

Lassen Sie das Kind die Gießkanne füllen und tragen Sie diese gemeinsam dorthin, wo die Blumen ihren Platz haben. Es kann im Wohnzimmer, auf dem Balkon, auf dem Fensterbrett oder im Garten sein. Die Blumen haben Durst, können Sie dem Kind sagen, sie brauchen Wasser – nicht zu wenig, aber auch nicht zu viel. Beides würde ihnen schaden. Machen Sie mit dem Kind ab, dass Sie »stopp« rufen, wenn es allein gießen kann. Sonst können Sie gemeinsam die Gießkanne halten und unter Ihrer Führung so lange kippen, bis die Pflanzen die richtige Menge Wasser bekommen haben. Möglich, vielleicht sogar wahrscheinlich, dass Ihr Kind die Pflanze anfassen will. Zeigen Sie ihm, wo und wie es die Pflanze zart berühren kann. Setzen Sie dem Kind eine Grenze, wenn es durch seinen Zugriff die Pflanze beschädigen könnte. Sagen Sie ihm, dass man die Pflanze fein streicheln kann, ähnlich wie man Menschen und Tiere liebkosen kann.

Das Gießen von Pflanzen ist eine Achtsamkeitsübung par excellence. Insbesondere das Wässern ist Ausdruck einer liebevollen Zuwendung: Wir geben der Natur, was sie sich nicht selber holen kann. Wir leisten einen Beitrag, um Schönheit und Kraft zum Blühen zu bringen. Ein Kind, das Blumen gießt, wird sensibel gemacht dafür, dass wir ständig daran sind, als Schöpferinnen und Schöpfer die Erde zu bebauen und zu erhalten.

Licht anzünden

Licht anzünden: auf den Schalter drücken, einmal kurz, und das Zimmer ist hell. Nur eine Sekunde lang Hand anlegen, und schon ist alles Dunkle weg. Es kommt mir kaum je in den Sinn, was hier geschieht. Ins Zimmer kommen, einen Augenblick stehen bleiben unter der Tür, spät abends ins Schwarze blinzeln, nichts sehen, höchstens die Umrisse des Tisches im Raum und der Uhr an der Wand. Dann Licht anzünden, als wäre es die selbstverständlichste Sache der Welt! Alles ist da, wird deutlich und klar. Dabei habe ich wirklich nicht mehr getan, als diesen

unscheinbaren Drücker berührt, den ein Elektriker mit kleinen Schrauben an der Wand befestigt hat. Ich brauche davon nichts zu verstehen und bringe trotzdem das Zimmer zum Leuchten: Ich kann Licht machen mit einem einzigen Finger.

Das Kind wird sich auf die Zehenspitzen stellen, wenn es noch klein ist. Es wird die Hand ausstrecken und mit aller Kraft den Lichtschalter drücken wollen – es weiß bald, wie das geht. Wenn Sie an einem Abend ein wenig Zeit haben, können Sie mit ihm zusammen einen kurzen Moment innehalten, bevor Sie miteinander einen Raum betreten. Bleiben Sie an der Tür stehen und blicken Sie gemeinsam mit dem Kind ins Zimmer. Sagen Sie einander, wie dunkel es da drinnen ist. Es ist gut für das Kind, der Dunkelheit eine Weile »ins Gesicht zu schauen«, sich bewusst zu werden, dass es das Dunkle gibt. Lassen Sie es nun den Lichtschalter drücken und sehen Sie sich um: Sie und Ihr Kind nehmen bewusst wahr, wie schön es ist, wenn der ganze Raum sofort hell wird. Das Kind kann sagen, was es jetzt alles sieht im Unterschied zu vorher, als die Dinge noch in der Dunkelheit lagen. Vielleicht geben Sie ihm einen kleinen Applaus, weil es schon selber Licht machen kann oder Sie beide klatschen miteinander in die Hände, weil es jetzt plötzlich hell geworden ist.

Es werde Licht! Wir kennen diesen Satz als zentrale Stelle im biblischen Schöpfungsbericht. Vorher, so lesen wir dort, war die Erde »wüst und leer«. Wenn wir täglich mehrmals elektrisches Licht anzünden, werden wir nicht jedes Mal daran denken, wie weit es seither die Menschheit technisch gebracht hat. Aber wir können hie und da mit dem Kind bewusst erfahren, wie hilfreich es ist, wenn wir in einem dunklen Zimmer Licht machen können. Später wird es lernen, was es heißt, im übertragenen Sinn ein Licht anzuzünden, wenn sich das Leben von der dunklen Seite zeigt.

Ein Glas Wasser trinken

Ein Glas Wasser trinken: nein, nichts anderes, nur Lust auf Wasser! Die schlichte Nahrung für den Augenblick. Wasser hilft nicht erst, wenn mir die Zunge fast am Gaumen klebt. Schon vorher einfach nur die reine Frische kosten, dieses Lebenselixier. Es lohnt sich, nicht gleich loszutrinken, sondern das Glas zuvor noch schnell ins Licht zu halten: die Klarheit selbst! Ich kann das Wasser sehen und nicht sehen. Ich sehe mitten durch, als wäre es ein Fenster. Bäume hinter Glas und hinter Wasser, dort das Nachbarhaus, ein Stück der weiten Welt. Jetzt der

Genuss: Ich setze an, das Glas zum Mund. Ich lasse mir die kühle Nässe auf die Zunge fließen. Ich schlucke, spüre, wie es frisch durch meine Kehle und in alle Glieder strömt, als würde ich zum ersten Mal im Leben Wasser trinken.

Lassen Sie Ihr Kind in vollen Zügen trinken! Vielleicht läuft ihm das köstliche Nass aus den Mundwinkeln, vielleicht verschluckt es sich. Jedenfalls soll es Wasser zu sich nehmen können, soviel es mag. Eines Tages, wenn es mit Ihrer Hilfe das Glas zum zweiten oder dritten Mal füllt, werden Sie es dazu anregen, vor dem Trinken das eingefüllte Wasser anzuschauen, daran zu riechen, vielleicht den Finger einzutauchen. Das Kind soll bewusst spüren, wie kühl und frisch das Wasser ist. Es kann davon sprechen und dann wieder kosten. Sie selber können mittrinken und dem Kind vorschlagen, ein paar Schlucke mit geschlossenen Augen zu sich zu nehmen, um noch besser zu merken, wie fein das Wasser schmeckt. Und nach dem Trinken können Sie das Kind darauf hinweisen, den Hahn wieder ganz zu schließen, damit das wertvolle Wasser nicht umsonst abfließt.

Ihr Kind wird ein Gespür dafür entwickeln, dass Wasser ein kostbares Gut ist. Und eines Tages wird es lernen, dass es ohne Wasser gar kein Leben gibt. Es wird nachvollziehen können, was uns ein berühmter Dichter hinterlassen hat, der den Durst in der Wüste aus eigener Erfahrung kennt: »Wasser! Du hast weder Geschmack noch Farbe noch Aroma. Man kann dich nicht beschreiben. Man schmeckt dich ohne dich zu kennen. Es ist nicht so, dass man dich zum Leben braucht: Du bist das Leben!« (Antoine de Saint-Exupéry).

Geschirr abtragen

Geschirr abtragen: leere Teller mit eingelegtem Besteck. Die Reste einer Mahlzeit auf dem Tisch, an dem sich Menschen gütlich getan haben. Übrig gebliebene Speise auf der Platte, ausgetrunkene Gläser und zerknitterte Servietten. In der Salatschüssel bleibt ein kleiner See zurück. Jetzt heißt es zugreifen, alles wegtragen, Reste im Kühlschrank versorgen und das Geschirr in die Spülmaschine geben. Wissen, dass alle satt wurden, die am Tisch waren. Es ist wie bei großen Ereignissen am Tag danach: noch einmal zurückdenken, Bilder auftauchen lassen, die viel-

leicht geblieben sind. Auch wenn es nur ein einfaches Mittagessen war, ist es eines gewesen, bei dem man Speise zu sich genommen, etwas gesagt, getan oder empfunden hat. Eine Erinnerung hält an, und der ausgegessene Teller oder die Gabel, die jemand zum Mund geführt hatte, trägt deren Spuren.

Das Kind kann Geschirr abtragen, soviel ihm möglich ist. Es wird einen Teller nach dem andern vom Tisch zur Anrichte bringen. Es kann sagen, wer davon gegessen hat oder was es zum Essen gab. Sie können ihm zeigen, wie man mit beiden Händen die große Salatschüssel trägt, damit sie nicht zu Boden fällt. Ihr Kind kann das Besteck holen und vielleicht kann es schon selber das eine oder andere in die Spülmaschine legen. Wenn alles abgetragen ist, können Sie mit dem Kind einen Moment lang den abgeräumten Tisch betrachten und ihm für seine Mithilfe danken. Beim Abwischen des Tisches können Sie das Kind ebenfalls mithelfen lassen: Nachdem Sie die Tischplatte mit einem Lappen gereinigt haben, kann es ihn mit dem Handtuch nachtrocknen.

Geschirr abtragen heißt tun, was zu tun ist. Ihr Kind wird lernen, was solche einfachen Handlungen wert sind. Äußerlich helfen sie, unsere Umgebung sauber zu machen und in Ordnung zu bringen. Insofern fördern sie unser Wohlbefinden. Innerlich unterstützen sie uns zugleich, um eine vergangene Situation abzuschließen. Durch das aktive Mittun wird das Kind mitbekommen, dass solche Tätigkeiten unerlässlich sind und letztlich zur Lebensqualität beitragen.

Wäsche besorgen

Wäsche besorgen: der Duft von frischer Wäsche, vor allem, wenn sie an der Sonne trocknet! Jedes Kleidungsstück ist von jemandem getragen worden und wird nach dem Waschen wieder zur Besitzerin oder zum Besitzer zurückkehren. Der Kreislauf der Wäsche gleicht dem Rhythmus des Lebens: Eine Art Werden und Vergehen, so etwas wie ein Auf- und Abtauchen, Verbrauchtwerden und Neuentstehen wird in Gang gesetzt. Nein, nicht von selbst! Wäsche reinigen, aufhängen und abnehmen, in Form ziehen oder bügeln, falten und in den Schrank

legen sind Leistungen, die zu vollbringen sind. Wer nicht selber tätig wird, muss jemanden dazu beauftragen. Niemand kommt im Leben darum herum, sich um saubere Kleidung zu kümmern.

Vielleicht kann Ihr Kind schon mit Wäscheklammern hantieren, Wäsche aufhängen und abnehmen. Bestimmt kann es jedoch Wäschestücke in Empfang nehmen, die Sie von der Leine nehmen, und in den Korb legen. Wenn es die Textilien dabei nicht auf den Boden fallen lässt, hat es ein Kompliment verdient, indem Sie ihm sagen, es mache seine Sache gut, denn so bleibe die Wäsche schön und sauber. Riechen Sie mit dem Kind am Wäscheberg, der sich im Korb türmt, bevor Sie ihn wegtragen. Beim Falten und Versorgen ist die Mithilfe des Kindes wiederum angesagt, soweit es dazu imstande ist. Es kann bei einzelnen Wäschestücken sagen, wem sie gehören. Wenn Sie bügeln, werden Sie es vor dem heißen Eisen warnen, aber bald kann das Kind unter Ihrer Aufsicht ein Handtuch oder Taschentuch selber bügeln. Berühren Sie mit ihm die warme, glatte Oberfläche von gebügelten Textilien und nehmen Sie die Frische wahr, die man empfinden kann, wenn man den Stoff befühlt und ihn zum Beispiel an die Wange hält. Schlussendlich können Sie dem Kind die gefaltete Wäsche auf die Arme legen; es kann sie zum Schrank tragen und aufs Regal legen.

Bevor wir uns für irgendetwas interessieren, möchten wir warm und trocken gekleidet sein. Wer Wäsche besorgt, ist konkret daran, dieses urmenschliche Bedürfnis zu befriedigen. Ihr Kind, das bei der Besorgung der Wäsche mithilft, hilft deshalb bei etwas Entscheidendem mit und lernt, dass es für sich und andere eine wichtige Arbeit leistet. Es engagiert sich auf jeden Fall für etwas, worauf niemand verzichten kann.

Staub saugen

Staub saugen: Der Staubsauger ist eine nützliche technische Errungenschaft. Wer möchte ihn missen! Kaum in Gang gesetzt leistet er beste Dienste, die wir von Hand so nicht fertig brächten. Das lange Rohr in beiden Händen haltend, bewegen wir es auf und ab, und während uns der unvermeidliche Lärm in den Ohren dröhnt, saugt das praktische Gerät allen Schmutz in sich ein, der sich auf dem Boden angesammelt hat. Wir können uns dabei an Beppo erinnern, den Straßenkehrer im Buch »Momo« von Michael Ende. Er reinigt die Straße »Besenstrich für

Besenstrich«. Er denkt nicht an das Ende der Straße und wie lange es noch dauern wird, bis er mit seiner Arbeit fertig ist. Nie dürfe man an die ganze Straße denken, meint er, sondern immer nur an den nächsten Schritt, den nächsten Atemzug, den nächsten Besenstrich – und immer wieder an den nächsten. Genau wie Beppo die Straße kehrt, so könnten wir Staub saugen.

Wenn Ihr Kind sich vor dem Staubsauger fürchtet, so ist meistens der Motorenlärm die Ursache dafür. Versuchen Sie daher, mit dem Kind den Lärm zu imitieren, bevor Sie das Gerät anstellen. Das Kind wird erfahren, dass seine Stimme lauter ist als der Lärm des Saugers – es ist ihm überlegen. Wenn es damit einigermaßen vertraut ist, kann es das Rohr führen und schon bald selbstständig ein Stück seines Zimmers sauber machen. Sie helfen ihm, indem Sie seine Hand führen, um das Saugrohr auch in die Winkel des Raumes zu führen. Vielleicht will sich Ihr Kind auf den Boden legen und beobachten, wie kleine Fusseln von der Saugbürste verschluckt werden. Am Schluss darf das Kind den Staubsauger abstellen. So erlebt es, dass wir diejenigen sind, die über das Gerät verfügen und es beherrschen. Es lohnt sich, das gereinigte Zimmer gemeinsam zu betrachten und der Freude Ausdruck zu geben, dass es sauber geworden ist.

Ihr Kind wird gemeinsam mit Ihnen erfahren, dass Staub saugen und andere Hausarbeiten sichtbare Beiträge sind zum Wohl der Wohngemeinschaft. Und noch etwas, wofür Ihr Kind empfindsam sein wird: Wenn Sie sich einen Augenblick Zeit nehmen, um das Ergebnis einer häuslichen Arbeit zu betrachten und sich darüber zu freuen, gehören Sie zu jenen, die am Sinn daran nicht zweifeln müssen.

Schuhe putzen

Schuhe putzen: sich jenen treuen Gefährten zuwenden, die uns durchs Leben tragen, jedes Paar für eine bestimmte Zeit, manche über Jahre hinweg. Ihnen gebührt unsere Pflege, weil sie uns wichtig sind. Sie sind der vertraute Ort unserer Füße, sie schützen sie und geben uns Halt. Wie würden wir ohne sie durchs Leben gehen! So gesund es wäre, barfuß zu sein – wir können es uns selten erlauben. Im Gegenteil: Es gilt als Zeichen des Wohlstands, dass wir für jede Wetterlage, ja für jede Gelegenheit die passenden Schuhe besitzen. Hie und da nehmen wir

sie in die Hände, statt sie nur an die Füße zu ziehen, um ihnen mit einer Bürste, einem Lappen und einer pflegenden Creme Gutes zu tun. Dann stehen sie in neuem Glanz vor uns, bis sie uns auf den nächsten Gang begleiten.

Das Kind kann alle Schuhe vom Regal nehmen und sie paarweise wieder zusammenstellen. Es kann sagen, wem welche Schuhe gehören und welche ihm besonders gefallen. Es kann die schmutzigen bzw. »pflegebedürftigen« Paare aussortieren. Geben Sie ihm eine Bürste oder einen Lappen, und es wird Sie beim Reinigen imitieren. Wenn Sie Schuhe eincremen und anschließend polieren, lohnt es sich, mit dem Kind ans Fenster zu gehen und einen Blick auf das glänzende Leder zu werfen. Mit dem Lappen kann es die Schuhe weiter bearbeiten. Zeigen Sie, dass es ihnen gefällt, wenn die Schuhe wieder sauber sind und sagen Sie dem Kind, dass es eine »große Schuhputzerin« oder ein »großer Schuhputzer« ist. Es soll – vielleicht erst am Abend – dem Besitzer oder der Besitzerin der sauberen und glänzenden Schuhe sein Werk mit Stolz zeigen können.

Das Kind lernt, dass Schuhe zu unserem Lebensalltag gehören. Es wird mitbekommen, dass man Schuhe nicht nur trägt und mit ihnen durch Schmutz und Nässe geht, sondern dass sie auch mit Achtsamkeit gepflegt werden müssen. Es kann miterleben, wie das Saubermachen von Schuhen zu einem sichtbaren Ergebnis führt und wird dieser Tätigkeit, die früher den Dienstboten oblag, einen Nutzen und einen Wert beimessen.

Das Fernsehgerät bedienen

Das Fernsehgerät bedienen: ein kleines Gerät, die Fernbedienung für den Fernseher. Ohne aufzustehen kann ich die Welt zu mir nach Hause holen, mit einem leichten Druck auf nummerierte Tasten wechseln die Szenen. Ein Bilderbuch fast unbegrenzter Möglichkeiten wird in Bewegung gesetzt. Welche Zahl soll ich drücken? Welches Programm sagt mir zu? – Ein schmales, leichtes Ding aus Kunststoff macht mir vieles möglich: Bilder hervorzaubern und verschwinden lassen, in meinem Wohnzimmer Töne zum Klingen bringen; mich informieren, den Gang

der Welt verfolgen; mir das beste Waschmittel und das bekömmlichste Katzenfutter schmackhaft machen lassen. Ich kann Persönlichkeiten aus aller Welt erlauben, in meinen eigenen vier Wänden zu sprechen. Es geschieht nur, wenn ich will, denn die Fernbedienung liegt in meiner Hand.

Das Kind darf sich eine geeignete Sendung anschauen. Vielleicht will es auch gelegentlich durch die Programme zappen, wobei es wahrscheinlich eher am Zappen selbst als an den aufgerufenen Szenen interessiert ist. Lassen Sie es eine Weile gewähren und diese technische Spielerei ausprobieren. Seien Sie dabei und sprechen Sie mit dem Kind darüber, dass man so viel Verschiedenes so schnell nacheinander sehen und hören kann. Wenn Sie das Kind eine bestimmte Sendung oder ein Video sehen lassen, zeigen Sie ihm die Taste, die es drücken kann. Es kann auf Ihre Anweisung hin auch die Lautstärke regeln lernen, indem Sie es darauf hinweisen hinzuhören, ob der Ton zu laut oder zu leise ist. Nehmen Sie während der Sendung die spontanen Zwischenrufe und Kommentare des Kindes aktiv auf. Es soll spüren, dass es eine Mitzuschauerin oder einen Mitzuschauer hat und dass seine Reaktionen nicht ins Leere fallen. Am Schluss soll das Kind das Gerät selber abstellen können.

Das Kind lernt mit dem technischen Wunderding eines Fernsehgerätes sinnvoll umzugehen. Darum soll es nicht prinzipiell davon abgehalten werden, sondern diesen Apparat angemessen bedienen können. Es wird mitbekommen, dass das Gerät nicht ständig laufen und uns beherrschen soll, sondern dass wir es sind, die bestimmen, was es uns ins Wohnzimmer bringen darf.

Zum Fenster hinausschauen

Zum Fenster hinausschauen: mitten am Tag aufatmen und in die Weite blicken. Vielleicht ins Grüne, vielleicht nur an die nächste Betonwand. Egal, denn jedes Fenster ist ein Tor zur Welt, die nicht an meiner Haustür endet. Gut zu wissen, dass der kleine Platz, auf dem ich stehe, sitze oder liege, in eine große Umgebung eingebettet ist. Wir sind ein Teil der Erde, und wer es sich gönnt, einen Moment lang aufzuschauen, gewinnt jene Distanz zum Alltäglichen, die neue Kraft zum Fließen bringt. Einen Augenblick lang den weiten Raum betrachten, dem zwitschern-

den Vogel zuhören so gut wie dem Motorenlärm der Straße – wissend, dass wir getragen sind von Menschen und von Dingen, mittendrin in einem großen Ganzen, das wir nicht fassen können.

Vielleicht sind Sie heute nicht besonders guter Laune, und Ihr Kind ist quengelig und unausstehlich. Nehmen Sie es auf den Arm und öffnen Sie das Fenster – unwichtig, wie das Wetter ist. Stehen Sie oder setzen Sie sich hin und tun Sie im Moment nichts anderes, als frische Luft einzuatmen. Ihr Kind wird es ebenso tun, und es kann sein, dass Sie beide sich bald beruhigen. Schauen Sie nun, und hören Sie nur. Schweigen Sie. Nach einer Weile können Sie das Kind fragen, was es sieht oder hört. Lassen Sie es reden und versuchen Sie, wirklich zu sehen oder zu hören, was es sagt. Laden Sie das Kind ein hinzuhören, wie der Hund bellt oder zu sehen, welches Fahrzeug unten auf der Straße vorbeifährt. Machen Sie das Kind aufmerksam auf ein Insekt, das an der Fensterscheibe summt oder auf die Regentropfen, die vom Himmel fallen. Verweilen Sie mit dem Kind so lange vor dem offenen Fenster, wie es daran Interesse hat.

Es geht um das Innehalten im Alltag, um eine schöpferische Pause, die wir immer wieder nötig haben. Dabei gilt, dass Positives und auch Negatives wahrgenommen werden. Alles ist so, wie es ist! Hier geht es nicht darum, etwas zu beklagen, zu verurteilen oder zu beschönigen. In Ansätzen wird Ihr Kind dadurch mitbekommen, dass wir mit der Sonne und mit dem Schatten leben und dass wir empfindsam bleiben für beides.

Sich ins Bett legen

Sich ins Bett legen: nach einem vergangenen Tag dem Körper die Ruhe gönnen, die er braucht. In unserer Zivilisation steht jedem Menschen ein spezielles Möbelstück zur Verfügung, das dazu da ist, uns aufzunehmen, in Decken zu hüllen und weich zu betten. Nichts ist so sanft wie ein Bett! Wir hätten eigentlich allen Grund, uns jeden Tag auf den Abend zu freuen, bis wir uns hinlegen können, um die Glieder zu entspannen, die Augen zu schließen und uns den Träumen zu überlassen. Wer zufrieden auf den Tag zurück blickt, wer gesund ist und ruhig

schlafen kann, hat keine Wünsche übrig. Wir bewegen uns im Rhythmus des Lebens – schlafend, wachend und wieder schlafend. Um es mit biblischen Worten zu sagen, »ist es so, wie wenn der Mensch den Samen in die Erde wirft und schläft und aufsteht; es wird Nacht und Tag, und der Same sprosst und wird groß, er weiß selbst nicht wie« (vgl. Markus 4,26-27).

Warten Sie nach Möglichkeit, bis das Kind wirklich müde ist und schlafen möchte. Lassen Sie es das Bett für die Nachtruhe vorbereiten: Es kann die Decke zurückschlagen, das Kissen zurechtrücken, die Stofftiere ins Bett bringen, die mit ihm schlafen werden. Dann wird es vielleicht mehrmals den Kopf auf die Matratze legen und wieder aufstehen und noch etwas holen, bis es sich endgültig ins Bett legt. Decken Sie Ihr Kind liebevoll zu und fragen Sie es, ob es warm genug hat oder ob ihm zu heiß ist. Helfen Sie ihm wahrzunehmen, was es wirklich empfindet, und gehen Sie darauf ein. Gestalten Sie mit dem Kind die Zeit vor dem Einschlafen jeden Abend ähnlich: Vielleicht singen Sie ein Lied, vielleicht hören Sie ein beruhigendes Musikstück oder Sie erzählen eine Geschichte. Vielleicht sprechen Sie ein Gebet oder Sie lassen das Kind erzählen, was es tagsüber erlebt hat. Sie können es zärtlich streicheln und ihm durch Ihre eigene Ruhe den Übergang in den Schlaf erleichtern.

Das Kind lernt, das eigene Bedürfnis nach Entspannung wahrzunehmen und sich darauf einzustellen. Vor dem Einschlafen sind die meisten Kinder besonders empfänglich für achtsame Zuwendung und besinnliche Aufmerksamkeit. Entsprechende Rituale helfen, den Tag gut abzuschließen. Es gilt früh zu lernen, mit sich selbst in Einklang zu kommen, um zufrieden einschlafen zu können, was immer wir tagsüber erlebt haben.

Spiritualität mit Kindern

> TUE,
> WAS DU TUST!
> ZEN-SPRUCH

Früher galten andere Sitten, was die ethische Erziehung der Kinder betraf. Christliche Eltern der älteren Generationen konnten sich noch an Normen orientieren, die in der Gesellschaft fest verankert waren. Es war ziemlich klar, was »gut« und was »böse« war. Entsprechend bemühte man sich, das den Kindern beizubringen. Wenn sie etwas Unrechtes im Schild führten, wurden sie mit dem Zeigefinger ermahnt. In der Schule und in den Familien wurde Moral groß geschrieben. Wer sich widersetzte, wurde bestraft. Es gab Gebote und Verbote, die man derart überbetonte, dass sich viele der herangewachsenen Kinder entschieden davon abwandten, sobald sie selbstständig genug waren. Wer so erzogen wurde, hatte oft nur eines im Sinn: Man wollte die eigenen Kinder auf keinen Fall in dieselbe Enge treiben! So schlug das Pendel auf die Gegenseite aus; und viele Eltern der nächsten Generation verzichteten weitgehend auf klare Richtlinien und die Weitergabe von moralischen Weisungen. Lieber nichts als etwas Falsches tun, lautete in vielen Familien der unausgesprochene Leitsatz.

In jüngster Zeit ist nun eine bemerkenswerte Sensibilität für eine neue Spiritualität spürbar, die auch ethische Werte neu in den Mittelpunkt rückt. Selbst Menschen, die sich nicht zu einer bestimmten Konfession zugehörig erklären, sagen von sich, dass sie gläubig sind und ihrem Tun und Denken Sinn und Tiefe geben möchten. Sie sind auf der Suche nach entsprechenden Formen durchaus ernst zu nehmen. Im Gespräch mit ihnen wird deutlich, dass ihnen auch im Zusammenleben mit ihren Kindern eine spirituelle Ausrichtung wichtig ist. Frauen und Männer verschiedenster Kulturen und Religionen bemühen sich darum – selbstverständlich auch solche, die nach wie vor überzeugte Christinnen und Christen sind. Doch wie gesagt: Auch viele Menschen, die sich an keine Kirche und an keine Konfession binden, wollen heutzutage ein spirituelles Leben zu führen.

Diese »neue Spiritualität«, um diese Strömung so zu nennen, hat kein einheitliches Gesicht. Was allgemein dazu zählt, sind in etwa die gleichen Anliegen, die den großen Weltreligionen zugrunde liegen. Dazu gehört gleichsam als oberstes Prinzip eine achtsame Haltung gegenüber allem Lebendigen – gegenüber Menschen, Tieren und Pflanzen. Die Bewahrung der Schöpfung, der Schutz unserer Umwelt und die Sorge um die Ressourcen dieser Erde sind Anliegen, die spirituelle Menschen heute ernster denn je nehmen. Man bemüht sich aber auch um

Gewaltlosigkeit und um einen sinnvollen Umgang mit Angst und Aggression. Man ist sich bewusst, dass man für sich selbst verantwortlich ist und dass man im persönlichen Umfeld einiges beitragen kann zu einem friedlichen Zusammenleben. Aber man lebt auch mit den eigenen Grenzen und weiß um jenen tragenden Urgrund, auf den letztlich alle vertrauen können. Schließlich ist das konkrete Leben in der Gegenwart das Entscheidende, worauf es ankommt. Es gilt, das jeweils »Gute« zu tun, das nicht mehr allgemein definiert, sondern in jeder Situation neu zu verwirklichen ist. Das ist nicht immer einfach. Denn verbindliche Normen, die immer und überall als Maßstab für ein gutes Leben gelten, gibt es nicht mehr. Und wenn es sie gäbe: Moderne Menschen, die sich in der Komplexität und Instabilität der heutigen Zeit zurechtfinden müssen, kämen kaum sehr weit damit.

Was zeichnet also spirituelle Menschen von heute aus? Sie wollen in jeder Lebenslage das tun, was angemessen und notwendig ist. Sie orientieren sich in jeder Situation neu und wissen: Was hier und jetzt nötig ist, ist zugleich das, was wichtig ist. Es kann ein Augenzwinkern sein oder ein mutiges Wort. Es kann der Entschluss sein, ein Haus zu bauen oder die Arbeitsstelle zu wechseln. Es kann eine Handlung von großer Tragweite sein –, aber das ist eher die Ausnahme. Viel öfters sind es tägliche Aufgaben, die zu leisten sind.

Nicht immer ist es leicht herauszufinden, was der Moment erfordert. Aber es ist auch nicht immer schwierig. Und wenn man weiß, was zu tun ist, zählen Einsatz und Hingabe. Darum können auch die einfachen

Tätigkeiten wichtig werden. Das folgende Zitat aus dem Mittelalter gilt heute so viel wie damals: »Wenn du Liebe hast, spielt es keine Rolle, ob du Kathedralen baust oder in der Küche Kartoffeln schälst« (Dante Alighieri). Wer eine zeitgemäße Spiritualität lebt, ist davon überzeugt, dass nicht nur der Generalmanager die Welt gestaltet, sondern auch die Hausfrau, der Briefträger und die Verkäuferin im Warenhaus. Denn Unwichtiges gibt es nicht – auch keine gering einzuschätzende Hausarbeit und erst recht kein unbedeutendes Zusammensein mit Kindern.

Was also ist zu tun? – Eine alte Geschichte erzählt von jenem Mönch, der vor den Meister trat und nach dem Wesentlichen fragte. Der Meister erwiderte: »Hast du schon gefrühstückt?« – »Ja«, antwortete der Mönch, worauf der Meister sagte: »Dann geh und spüle deine Schalen.« – Damit ist die Frage beantwortet: Das Naheliegende ist zu tun! Denn wer das Naheliegende tut, hat eigentlich schon alles getan.

Wer spirituell lebt, nimmt die konkrete Situation ernst. Jeder Augenblick ist eine Einladung, sich hier und jetzt zu bewähren. Für den Alltag heißt das: In der Regel sind keine Heldentaten gefragt, und meistens ist nichts Außergewöhnliches zu leisten. Dies gilt vor allem für das Leben mit Kindern. Es ist zu tun, was zu tun ist – mit überlegtem Engagement und wachem Bewusstsein.

Alles hat seine Zeit

> LICHT UND DUNKEL
> STEHEN EINANDER GEGENÜBER,
> DOCH DAS EINE HÄNGT AB VOM ANDERN
> WIE DER SCHRITT DES RECHTEN BEINS
> VON DEM DES LINKEN.
>
> SHIH-T'OU HSI-CH'IEN

Nicht alles geht uns leicht von der Hand, erst recht nicht mit Kindern. Sie zeigen schon früh, dass sie eigenständige Persönlichkeiten sind, die man nicht nach eigenen Wünschen programmieren kann. Das ist gut so. Aber was ist dann, wenn wir uns vornehmen, zusammen mit dem Kind einzukaufen oder Gemüse zu putzen, und es stellt sich quer? Alle Mühe, es anzuregen und zu motivieren, schlägt fehl. Sie kennen diese Szenen: Kinder können einen Widerstand leisten, der an die Nerven geht.

Wie haben Sie bisher solche Situationen gemeistert? Was auch immer Sie getan haben: Für Sie und Ihr Kind gingen diese Zustände vorüber, und Sie beide haben überlebt! Damit soll nichts bagatellisiert werden; aber wir müssen uns vom Wunsch verabschieden, dass im Zusammenleben mit Kindern immer alles harmonisch sein müsste –, auch wenn wir noch so gute Absichten haben. Wie schön es doch wäre, wenn die Kinder immer genau das wollten, was wir im Sinn haben! Solche Vorstellungen sind unrealistisch. Denn das Leben ist anders: Unterschiedliche Kräfte prallen aufeinander – Lust und Laune, Freude und Ärger. Mit Gegensätzen müssen wir klarkommen. Die Kinder erfahren vom ersten Atemzug an die Vielfalt des Lebens am eigenen Leib: Wärme und Kälte, Hunger und Sattwerden, Lachen und Weinen.

Es gehört zum Leben, dass wir uns mit dem arrangieren, was es uns bringt. Manchmal sind es mehr Dissonanzen als Glücksgefühle – auch im Alltag mit Kindern. Niemand verlangt, dass wir uns freuen, wenn ein Kind brüllt und trotzt. Allgemeine Ratschläge jedoch, die sagen, was immer dann zu tun sei, wenn Kinder unausstehlich sind, nützen wenig. Es bleibt uns nicht erspart, in der konkreten Situation als erwachsene Person auf sich selbst gestellt zu sein und so zu reagieren, wie wir es spontan und besonnen zugleich für richtig halten. Das ist leichter gesagt als getan, aber niemand behauptet, pädagogisches Handeln sei ein Kinderspiel.

Vernünftigerweise werden Sie in einem solchen Moment ein gut gemeintes Vorhaben abbrechen oder gar nicht erst anfangen, weil Ihr

Kind dafür jetzt nicht zu haben ist. Sie werden auf Ihre Art das Kind beruhigen oder es in Ruhe lassen. Und Sie werden sich daran erinnern, dass auch wir Erwachsenen nicht begeistert sind, wenn jemand mit uns etwas vorhat, wofür wir im Moment nicht disponiert sind. Denn wir sind Menschen, ob klein oder groß, und haben unsere Grenzen. Diese gilt es zu respektieren.

Wir können dem ständigen Wechsel von Gelingen und Misslingen, von Sonne und Schatten nicht ausweichen. Wer davon ausgeht, dass das Leben vielfältig ist, wird mit dieser Vielfalt rechnen und sich immer wieder bewusst machen, dass alles seine Zeit hat. Der alte Text im Buch des Predigers hat auch im Hinblick auf unser Bemühen mit Kindern an Aktualität nichts eingebüßt: »Alles hat seine Stunde. Für jedes Geschehen unter dem Himmel gibt es eine bestimmte Zeit ... eine Zeit zum Weinen und eine Zeit zum Lachen, eine Zeit für die Klage und eine Zeit für den Tanz ... eine Zeit zum Umarmen und eine Zeit, die Umarmung zu lösen...« (vgl. Kohelet 3).

Im Rhythmus des Lebens

> ES WURDE ABEND,
> UND ES WURDE MORGEN:
> EIN ERSTER TAG.
>
> AUS DEM BIBLISCHEN SCHÖPFUNGSHYMNUS

Wir sind von Rhythmen bestimmt: Tag und Nacht, Arbeit und Erholung; die Jahreszeiten und das Kreisen der Gestirne begleiten uns, so lange wir auf der Welt sind. Ein neugeborenes Kind muss sich – oft nicht ganz problemlos – an einen Rhythmus gewöhnen. Mit der Zeit wird es zu einer gewissen Regelmäßigkeit finden, die ihm meistens wohl bekommt und seine Entwicklung günstig beeinflusst.

Viele Erwachsene machen die Erfahrung, dass auch sie ausgeglichener sind und sich besser fühlen, wenn sie sich an einen bestimmten Rhythmus halten. Unregelmäßiges Essen ist auf die Dauer für die meisten nicht gesund, und wer sich über lange Zeit zu wenig Schlaf gönnt, hat oftmals Mühe, die geforderten Leistungen zu erbringen. Es lohnt sich zu berücksichtigen, was uns von der Natur ins Bewusstsein gerufen wird: Wenn wir müde sind, brauchen wir Schlaf; wenn wir Hunger haben, brauchen wir Nahrung.

Wer achtsam im Leben steht, nimmt es in seiner rhythmischen Abwechslung wahr. Wir können den Sommer genießen, und wenn er vorüber ist, steht der Herbst vor der Tür. Die Blätter an den Bäumen verfärben sich, sie fallen ab und erinnern an die Vergänglichkeit des Lebens. Und wenn der Winter kalt und rau ist und uns zeitweise an allen Gliedern frieren lässt, müssen wir nicht für immer in der Kälte erstarren. Denn der Schnee wird schmelzen und das erste Grün aus dem Boden sprießen. Die Luft wird wieder warm, und das Blühen und Reifen beginnt von vorne. So sorgt der Kreislauf der Natur dafür, dass immer wieder Neues entsteht, nachdem Altes abgestorben ist.

Wenn wir Kinder um uns haben, deren Wohl uns anvertraut ist, überlegen wir uns manchmal: Was ist jetzt dran? Was tun wir jetzt? Mit solchen Fragen stehen wir aber nicht im luftleeren Raum. Denn wir können uns an vieles halten, was uns natürliche Rhythmen vorgeben: Der Morgen ist zum Aufwachen da, der Mittag zum Kochen und Essen, der Abend, um ruhig zu werden und sich zum Schlafen vorzubereiten. Zwischendurch lohnt es sich, sensibel wahrzunehmen, was sinnvoll und möglich ist: Einen Apfel essen, wenn wir Lust darauf haben, zum Fenster hinausschauen, wenn wir eine Pause brauchen, Wäsche abnehmen, wenn sie trocken ist. Weil jede alltägliche Handlung ihren Wert hat, trägt sie immer wenigstens ein bisschen dazu bei, dass wir spüren: Es lohnt sich auf dieser Welt zu sein.

Wir dürfen in vielem, was uns und unsere Kinder betrifft, auf unsere Intuition vertrauen. Und nicht selten sind es die Kinder selbst, die uns aufmerksam machen auf das, was zu tun ist – im Hier und Jetzt.

Schlusspunkt

> MAN KANN EINEN MENSCHEN
> NICHTS LEHREN.
> MAN KANN IHM NUR HELFEN,
> ES IN SICH SELBST ZU ENTDECKEN.
> GALILEO GALILEI

Die wichtigste Botschaft dieses Buches ist vermutlich jene, die zwischen den Zeilen steht. Beim Lesen werden Sie unweigerlich darauf stoßen, wenn Sie Ihren Gedanken freien Lauf lassen. Erinnern Sie sich an gelebte Erfahrungen und freuen Sie sich über jede Zustimmung, die Ihnen aus der Lektüre entgegenkommt! Ohne Ihre eigenen Visionen wäre dieses Buch nur eine halbe Sache. Je mehr davon Sie wieder finden, desto eher hat es sich gelohnt, es zu schreiben.

Mit Kindern den Augenblick genießen

Dieses Übungsbuch für Kinder und Erwachsene macht Lust auf Zen. Poetisch leicht und wohltuend konkret regt es zu einer Spiritualität der Achtsamkeit mitten im Alltag an. Viele kleine Praxisimpulse zeigen beispielhaft, wie in der Schule, im Kindergarten oder in der Familie, zu Hause oder unterwegs die Kunst, ganz im Augenblick aufzugehen, gepflegt und eingeübt werden kann.

Vreni Merz
ÜBUNGEN ZUR ACHTSAMKEIT
Mit Kindern auf dem Weg zum Zen
Mit einem Vorwort von
Niklaus Brantschen
128 Seiten. Mit Fotos von
Ursula Markus. Kartoniert
ISBN 3-466-36608-9

Kompetent & lebendig.
LEBEN MIT KINDERN

Kösel-Verlag, München, e-mail: info@koesel.de
Besuchen Sie uns im Internet: www.koesel.de